Docteur Paul RABIER

LA
LOI DU MALE

A PROPOS DE L'ENFANT DU BARBARE

> « Les Femmes n'ont pas tort du tout, quand
> « elles refusent les règles de vie qui sont intro-
> « duites au monde ; d'autant que ce sont les
> « hommes qui les ont faites sans elles. »
>
> MONTAIGNE.

—•—

PARIS
VIGOT FRÈRES, ÉDITEURS
23, PLACE DE L'ÉCOLE-DE-MÉDECINE 23
—
1915

Docteur Paul RABIER

LA

LOI DU MALE

A PROPOS DE L'ENFANT DU BARBARE

> « Les Femmes n'ont pas tort du tout, quand
> « elles refusent les règles de vie qui sont intro-
> « duites au monde; d'autant que ce sont les
> « hommes qui les ont faites sans elles. »
>
> MONTAIGNE.

PARIS

VIGOT FRÈRES, ÉDITEURS

23, PLACE DE L'ÉCOLE-DE-MÉDECINE, 23

1915

LA LOI DU MALE

I

Un auteur célèbre s'est heureusement attaché, voici quelques années, à mettre en relief, au point de vue sentimental et social, toute l'inexorabilité de la loi de l'homme, laquelle n'est que l'expression humaine de la loi animale, de la loi du Mâle. Les poignantes heures que nous traversons viennent d'en confirmer douloureusement, en même temps que la violence, toute la fatalité. Alors qu'après neuf mois, nous entrevoyons dans un lointain encore flou une glorieuse issue à cette lutte titanesque qui ensanglante l'Europe ; en même temps que les mois qui viennent vont nous apporter avec les joies de l'Eté, une floraison de lauriers, d'autres prémices hélas ! ignominieuses celles-là, nous sont promises.

A l'heure présente, en effet, des milliers de seins de femmes françaises recèlent d'indésirables fruits qui vivent malgré elles, à leurs dépens, du fait d'abominables souillures. Nombre de ces gestations touchent même à leur terme, pour lesquelles déjà certaine solution serait trop tardive. Celle-ci ne pouvant

être appliquée qu'à celles récentes, qu'à celles toujours possibles imposées par l'ennemi qui occupe
encore notre sol.

Devant cette angoissante perspective un tolle d'indignation, un immense cri de pitié s'est élevé de
toutes parts. Un referendum a été provoqué par deux
Revues pour tâcher de résoudre au mieux ce pénible
problème. Les questions suivantes ont été posées :

1° L'enfant du crime doit-il naître ?

2° Faut-il avoir recours, à l'aide et à l'intervention
des médecins légistes ?

Ou bien les mesures à prendre doivent-elles être
laissées à la libre volonté des intéressés ?

3° Que faire de ceux qui viendraient au monde ? Peu-
vent-ils rester à côté des autres enfants français en
rappelant à leurs mères le souvenir ineffaçable de
leur vie et à leur entourage les conditions de leur
naissance ; ou devrait-on établir un lieu de retraite qui
pourra réunir les enfants issus du crime ?

On a fait appel à toutes les compétences : ministres
des religions, savants, médecins, hommes de lettres.
Nombre ont répondu et, cette étude serait sans doute
superflue, s'il ne nous avait semblé qu'en général cette
question avait été traitée un peu légèrement, même
par des hommes que leurs hautes situations sociales
désignaient particulièrement pour des études plus
approfondies. Le sujet ne manque pourtant ni de gra-
vité ni d'importance puisqu'il s'agit des souffrances
de milliers de malheureuses femmes et du sort d'autant de vies latentes qui s'apprêtent à faire irruption
dans notre race. Nous discuterons, au reste, toutes
ces opinions en concluant. Enfin, à notre avis, un

point de vue capital a été laissé dans l'ombre, oublié
même: celui de l'état d'âme du mâle, non de l'agresseur, de l'effracteur — il est simpliste dans sa brutalité, — mais bien celui du mari, injurié dans ses affec-
tions, bravé dans son foyer.

On a bien envisagé la question au point de vue de
la femme victime, mais on ne s'est pas inquiété suf-
fisamment de quel poids devait peser, dans les décisions de celle-ci, la crainte des sentiments de jalousie
révoltés du mari. Or, nous estimons que c'est de lui
en grande partie que tout dépend. C'est sa psychologie particulière et intransigeante de mâle qui doit
dicter la solution à intervenir. N'oublions pas, en effet,
que non seulement c'est lui qui impose l'enfant à la
femme, mais que c'est aussi lui qui a décrété la loi
qui interdit à celle-ci de disposer de son fruit, quel
qu'en soit le poids.

Combien ne sont pas dissemblables aussi, il est
vrai, la physiologie et la psychologie de la mère et
du père ; de celui qui sème et de celle qui reçoit, fait
germer et naître, de celle qui selon M. le professeur
Pinard donne la vie d'abord et ensuite la nourriture
et le logement ?

Que n'a-t-on pas dit et écrit sur le rôle magnifique
de la mère. Avec quels accents les poètes ne l'ont-ils
pas chantée! Si la femme décèle toute sa faiblesse, sa
passivité dans l'amour charnel, quelle force, quelle
volonté, quelle sublimité par contre, ne manifeste-t-
elle pas dans l'amour maternel ! V. Hugo qui fut, si
glorieusement, le fils de sa mère et qui témoigna toujours un si grand culte pour la femme, disait : « Ce
qui fait qu'une mère est sublime c'est que c'est une

espèce de bête. L'instinct maternel est divinement animal. La mère n'est plus femme, elle est femelle. » De cela, nos services hospitaliers d'accouchements témoignent chaque jour.

Dès qu'une nouvelle accouchée ne semble pas animée de sentiments maternels bien vifs, on l'encourage, on la presse de donner le sein au moins une fois. L'effet est le plus souvent magique, tant est forte, impérieuse et douce, tout à la fois, cette voix de la maternité dont l'évangile a dit : « Lorsque l'enfant est né, la femme oublie son angoisse, tant est grande sa joie d'avoir mis au monde un homme. »

Un autre poète, Haraucourt, a dans *Daah,* curieuse évocation du premier couple humain, bien peint cet émoi maternel lorsqu'il affirme : « Sans nul doute, l'amour maternel constitua le premier attendrissement de la bête. La maternité fut l'éducatrice de la femme, et la femme ainsi éduquée par l'instinct, deviendra à son tour l'éducatrice de l'humanité. La mère apporta sur le globe l'invention d'aimer. Tout naturellement, elle a su quels liens l'attachent à la créature issue de ses entrailles : les premières manifestations de son amour ont dû ressembler à une fonction organique plutôt qu'à un émoi psychique... L'égoïsme animal se perpétue en attachement maternel ; il y a là, en quelque sorte, un prolongement de la gestation, que l'accouchement a modifié sans l'interrompre tout à fait. »

Ce rôle animal de la femme, durant la période d'allaitement, se modifie, se magnifie par la suite. La femelle fait place à la mère qui, après avoir formé un corps, va créer un cœur, développer des sentiments, une menta-

lité ; ce qui faisait affirmer à V. Hugo que : « Le mot
« Vénérable » ne peut s'appliquer à une femme que si
elle est mère. » Oui, la maternité élève la femme et
souvent même la relève ; oui, c'est sa raison d'être, sa
fonction, sa joie, sa sauvegarde. C'est pour cela justement qu'il faut la défendre de toute adultération
ennemie. N'est-ce pas une mère et la plus féconde
encore, que les abeilles, dans leur sagesse, placent à
la tête de leurs admirables sociétés? De tout temps la
maternité a été entourée de respect : les soldats
romains présentaient, affirme-t-on, les armes aux
citoyennes grosses d'espérances et il faut remonter
aux époques de la plus sombre barbarie pour voir,
comme le font actuellement les Allemands, massacrer
des femmes enceintes et des mères allaitant.

Cette maternité, fonction physiologique, raison
sociale d'être de la femme, grandeur morale de son
rôle, a-t-elle son correspondant, son équivalent en tant
que sentiment chez le père ? Autrement dit, y a-t-il
parité de rôle vis-à-vis de l'enfant entre la mère et le
père ? Ou bien l'un l'emporte-t-il sur l'autre ? Lequel
et pourquoi ?

A cette question complexe nous répondons sans
hésitation : physiologiquement, animalement, la pré-
pondérance du rôle de la mère est indiscutable ; moralement et psychologiquement il prime celui du père,
auquel est surtout dévolu le rôle d'assistance, le rôle
social. Si bien, en somme, que l'enfant appartient
avant tout à la mère ; nous verrons plus loin l'importance de cette affirmation et les conclusions qu'on en
peut tirer pour la solution cherchée.

Le père, le mâle, n'est que le semeur, le porte

graines, et seules les sociétés civilisées, et cela en raison même de leur degré de policement, lui font jouer
un rôle prépondérant. Le sentiment paternel n'a, à
vrai dire, aucune racine physiologique, il est à peu
près inconnu de l'animal et son développement est dû
à la mère même. Qui fait, en effet, connaître et aimer
à l'enfant son père, sinon elle ; qui fait s'intéresser et
s'attacher le père à l'enfant ? sinon elle encore ! Et par
la suite, dans la vie, que de conflits n'amortit-elle pas
entre le père et les enfants. Elle est la clef de voûte
du sanctuaire familial, la médiatrice des collisions si
fréquentes entre père et fils, qui rappellent parfois la
colère du coq entendant ses petits s'essayer à chan-
ter. Du reste, rien ne démontre mieux le rôle secon-
daire joué par le mâle dans le règne animal, que la
façon dont il y est traité. Chez les abeilles par exemple,
il meurt aussitôt après la fécondation ; chez certains
arachnides il est tué parce que désormais inutile ; chez
d'autres, il est toléré en parasite. L'humanité seule
donc, selon son état de civilisation, a dévolu au père,
un rôle important.

Ce que souhaite et veut surtout le mâle c'est se
continuer. Cela est si vrai que son rejeton est-il ma-
lingre, contrefait, il en a honte et s'en éloigne, alors
qu'au contraire la mère l'entoure de plus de soins,
l'aime davantage. Continuateur et gardien de la race,
autant il s'enorgueillit de son intégrité, autant il est
intransigeant sur le chapitre de son adultération.
Voilà pourquoi il a fait de la fidélité de l'épouse une
loi et son point d'honneur et ceux qui l'estiment mal
placé n'ont jamais compris les fins de la paternité.

Si le père synthétise la société, la mère, elle, est

la prêtresse de la nature et dans ce combat qu'est l'amour ou si souvent elle est combattante malgré elle, toujours elle est vaincue. Que de mères qui n'ont jamais été épouses ! A ce propos qu'il nous soit permis de citer encore cette page de Haraucourt où sont peintes les douceurs du premier embrassement chez le couple ancestral : « Que ce fut là un ennemi, elle n'en doutait pas ; se sentant prise, elle poussait des cris aigus, en essayant de broyer à coup de talon le mufle qui se tendait vers elle. Mais le poing la tenait ferme ; des secousses de plus en plus furieuses l'arrachaient de son arbre ; elle tomba dans l'herbe. Dès lors, elle ne cria plus : avec l'espoir d'échapper, son effroi prenait fin ; elle acceptait la lutte. A peine eut-elle touché terre, et avant que son agresseur n'eut le temps de s'abattre sur elle, elle rebondit et attaqua des griffes, des genoux, des dents. Un coup de poing sur le front l'étourdit sans la vaincre, et elle revint à l'assaut. Dans l'épaule du mâle qui l'avait prise à bras le corps, elle enfonçait ses crocs ; il hurla à son tour ; ramassant un caillou, il lui en asséna sur le sommet du crâne un coup si rude qu'elle s'écroula ; des cercles de lumière tournoyaient devant elle et confusément elle crut sentir s'abattre sur son dos le poids d'une masse violente. »

Ce geste brutal du premier mâle est celui-là même que vient de faire subir à de malheureuses Françaises la horde des teutons kultivés, dignes émules de ce Nietzsche, leur surhomme, qui n'a pas craint d'écrire : « Tu vas chez les femmes ! N'oublie pas le fouet. » Ils n'ont pas oublié l'invite, nous le savons, ils y ont même ajouté le revolver, ce qui a permis à leurs officiers d'affirmer : « qu'une femme qui a goûté d'un Allemand ne peut plus par la suite supporter d'autres hommes.» Délicatesse et galanterie teutonnes! Ce sont ces maternités par effraction que nous allons examiner afin d'y chercher une solution.

II

Tout d'abord, dans ce drame bestial, il nous faut mettre hors de pair les futures mères ayant une sincère foi religieuse. Celles-ci trouveront, en effet, dans leurs croyances, l'appui moral nécessaire non seulement pour supporter avec courage l'épreuve qui les frappe, mais encore pour en solutionner les conséquences. Alors que, nous le savons, le paganisme admettait l'avortement et l'infanticide, sous forme de sélection à la naissance, le christianisme, en même temps qu'il instituait la monogamie et relevait la condition de la femme, imposait le respect de l'enfant jusqu'à ordonner, dans les cas où se pose la question de l'embryotomie, le sacrifice de la vie de la mère à celle incertaine de l'enfant. Conception inhumaine parce que voulant être surhumaine. D'autre part, alors que certains théologiens veulent que l'acte de la conception crée en même temps et l'âme et le corps, plusieurs Pères de l'Église n'accordent, eux, une âme à l'embryon qu'entre le quarantième et le quatre-vingt-dixième jour. Dans ce doute, il nous semble que l'absolution devrait pouvoir être acquise à l'avortement pratiqué avant le quarantième ou le quatre-vingt-dixième jour; mais nous reviendrons sur ce point.

Malgré tout, pour ces futures résignées aux desseins de la Providence, aucune intervention n'est à envisa-

ger ; à ce propos et à l'appui, M. Jean de Bonefon,
nous cite le texte explicite du canoniste, cardinal Bel-
larmin : « Si l'enfant naît d'un viol certain, il convient
de distinguer. Si la mère est fille, elle doit élever son
enfant comme si elle l'avait eu de sa volonté. La famille
de la jeune fille doit pourvoir aux besoins de l'enfant
et lui éviter la connaissance de son origine. Si l'enfant
naît d'un attentat commis contre une femme mariée,
le mari n'a aucun devoir, mais celui de la femme reste
entier. L'Eglise doit lui rappeler ses obligations, mais
peut l'aider, en accueillant l'enfant, à cacher au monde
la honte d'un acte dont la femme est la victime. Au
surplus, sauf dans l'horreur des guerres, il faut
prendre des informations sérieuses avant de croire à la
violence dont se plaint une femme. »

Dans ce commentaire, le canoniste admet tout à la
fois sagement, d'une part, comme origine indubitable de
violence : la guerre, et de l'autre, l'abandonnement avec
décharge pour le mari de tout devoir. Ceci, tout en
étant fort juste, satisfera-t-il quand même le mari ? En
présence et par la suite au souvenir de son foyer
souillé, ne témoignera-t-il point de révolte ? N'ira-t-il
pas jusqu'au doute, jusqu'aux reproches ? ajoutant à la
douleur et à la honte de sa malheureuse femme, déjà
martyre dans sa chair, le supplice de sa jalousie. Ainsi
se comporte trop souvent le mâle humain dans son
égoïsme et, la question de l'avortement se pose au
moins autant pour délivrer la mère que pour la défendre contre les soupçons agressifs du mâle, source
de discorde, de désunion, de destruction de tout
bonheur conjugal. C'est au point que de pauvres
femmes ont préféré la mort, ce que certains ont estimé

être la vraie solution, opinion qu'on ne saurait humai-
nement partager. On a dit, à ce propos, que la femme
avait le sentiment de l'expiation, en l'espèce il ne saurait vraiment en être question. Non, ces malheureuses
ont cédé, à n'en pas douter, à l'affolement de leurs
chairs violées d'abord, et surtout à la crainte de repa-
raître ainsi souillées devant l'époux, devant le maître.
Il faudra donc tenir grand compte de cette jalousie
ombrageuse du mâle.

A côté de ces femmes, dont la foi éclaire la conscience, il y a la foule de celles dont les croyances
moins assurées laissent place à un libre examen. C'est
de celles-là qu'il importe de discuter le sort. Voyons
d'abord le cas de celles qui sont libres d'elles-mêmes :
jeunes filles, fiancées, veuves.

Voici une jeune fille à laquelle sont promis tous les
espoirs d'amour et de vie : une brute sanguinaire sur-
vient qui se rue sur elle et la viole ; si tout se borne à
cette initiation répugnante, le mal n'est pas irrémé-
diable, mais hélas ! ces ruts, le mâle étant ici surexcité
au maximum par la résistance même opposée par la
femme, seront, il est à craindre, pour la plupart, féconds.
Doit-on laisser cette infortunée jeune fille gravir son
calvaire neuf mois durant, au milieu de parents
anxieux ? Va-t-on faire appel à un aide éclairé, secou-
rable pour la libérer ? Ou bien va-t-on par crainte,
scrupule, indécision, la laisser atteindre le terme fatal,
pour décider de l'abandonnement ou encore de la
conservation de l'enfant, avec le vague espoir, qu'un
jour, quelque brave garçon, touché de cette infortune
imméritée, se trouvera pour l'épouser et élever le rejeton du barbare ?

Examinons chacune de ces occurrences. Première
alternative : sur l'initiative de la famille et avec l'assentiment de la victime l'avortement a été décidé et
pratiqué au plus tôt par un médecin. Voilà une jeune
fille qui, ce mauvais rêve passé, pourra reprendre
goût à la vie, fonder une famille, prétendre au bonheur
comme devant. C'est une blessée de la guerre, une
amputée à sa manière, guérie et voilà tout. N'a-t-on
pas dit que la femme était une éternelle blessée ! Mais,
nous objectera-t-on, cet embryon que vous vous êtes
arrogé le droit de supprimer, c'était son sang, une
partie d'elle-même. Qui vous dit qu'un jour, elle n'aurait pas oublié sa douloureuse origine, qu'elle ne l'aurait pas aimé ? L'amour maternel est si fort, si sublime !
D'accord, mais à une condition et absolue encore, c'est
qu'il ait pu naître ; or, pour cela, il faut que la femme se
soit donnée ou pour le moins abandonnée. Il faut que
son cœur, ses sentiments aient été en jeu, qu'elle ait
distingué, aimé, même très brièvement celui qui l'a rendue mère. Il ne faut pas surtout qu'il y ait eu aversion
car alors la femelle pourra enfanter mais ne sera pas
mère.

Toute la différenciation et l'explication de la mère
humaine et de la grandeur de son amour maternel
sont là. C'est ainsi que les filles-mères délaissées
qui gardent leur enfant, l'élèvent, se sacrifient pour
lui, ont aimé le père et malgré sa conduite à leur
égard ne l'ont pas oublié, au point que c'est encore lui
qu'elles aiment dans leur enfant. Ce qui élève justement l'espèce humaine au-dessus de l'animalité c'est
que l'acte de la reproduction, — la prostituée mise à part
bien entendu, au reste elle est stérile, en général — n'est

que la conclusion d'un attrait, d'un sentiment d'amour
plus ou moins passager ou profond. Il n'est pas jusqu'à l'indifférence, qui ne soit une sorte d'acquies-
cement animal. Mais concevoir, pis que d'un inconnu,
d'un ennemi, dans la répulsion, la violence, la lutte,
sous la menace, au milieu du sang, parmi le meurtre et
la mort, ne peut susciter, c'est logique, chez la femme,
que haine pour le père et indifférence sinon aversion
pour l'enfant. Et encore, chose plus effroyable, dans
nombre de cas, ce père inconnu fut une collectivité!
Après cela, que l'on vienne donc nier l'infériorité fré-
quente sur ce terrain de l'homme par rapport à l'animal.
Celui-ci est unique pour répondre à l'injonction de la
nature, dut une lutte en décider et faire triompher le
plus fort; et lorsqu'enfin la nature est satisfaite, la
femelle n'a plus rien à craindre des autres mâles.
Laisser venir cet enfant serait vouloir prolonger le
supplice enduré déjà par une malheureuse créature,
du fait d'une initiation dont on a eu raison d'affirmer
que d'elle dépend souvent le bonheur ou le malheur
d'une vie. Cette affirmation : médecins et confesseurs
ont fréquemment l'occasion d'en vérifier le bien-fondé.
Que de déceptions, de rancœurs, que d'unions à jamais
désunies n'ont pour origine qu'un manque d'égards,
de délicatesse dans cette première œuvre de chair!
Trop d'hommes confondent volontiers virilité et brutalité. La femelle humaine a certes conservé de la
passivité animale, mais elle a aussi un cœur, des sentiments, cela compte et doit être respecté. Ce sont eux
qui la font mère, et comme dit Montaigne : «On aime
un corps sans âme, ou sans sentiments, quand on aime
un corps sans son consentement et sans son désir. »

Si vous ne la traitez qu'en femelle animale, si vous
ne commencez pas par parler à son cœur, elle vous
donnera animalement des petits auxquels elle ne s'at-
tachera pas, ne pouvant vous aimer en eux puisque vous
n'avez pas su vous faire aimer d'elle ! Enfin, si en
bruté vous la violentez et la prenez par la terreur et
sous la menace, elle vous haïra et détestera votre fruit
dont elle n'aura qu'un désir : l'arracher de son sein,
qu'une hâte : s'en débarrasser, comme on arrache et
rejette avec dégoût la sangsue accrochée à sa chair.
Non, l'amour maternel si beau, ne saurait naître, ni se
développer dans de telles conditions.

On a argué de trahisons possibles de la nature, de
femmes aimant malgré tout l'homme, le mari, le ban-
dit même qui les a avilies, torturées. Admettons ! En
ce cas, tenez pour certain qu'elles l'ont aimé et qu'elles
l'aiment peut-être encore, sans se l'avouer, car la
femme est ainsi faite qu'elle aime aussi bien l'enfant
que l'homme qui l'ont sentimentalement fait le plus
souffrir. C'est une des sublimités de l'âme maternelle,
du cœur féminin !

Dès lors qu'il paraît bien prouvé — et nous croyons
l'avoir démontré, imparfaitement peut-être, mais de
bonne foi, — que cette jeune fille ne peut pas aimer,
et même que haïr cet intrus, il nous semble que
l'avortement précoce est, dans l'espèce, la solution la
plus souhaitable, et pour l'enfant innocent qui ne
serait qu'un paria, et pour la mère qu'il débarrasse
d'une tare injuste en même temps qu'il lui rend toutes
les possibilités de vie normale. Pour reconquérir
notre sol, sauver notre belle France, nous n'hésitons
pas, bien entendu, à recourir à tous les moyens pour

exterminer l'ennemi. C'est ainsi que notre glorieux 75
n'a pas son égal pour faire sauter les bras, les jambes,
les têtes ; nos avions pour pulvériser, incendier, et
nous hésiterions, nous serions pris d'une pitié inex-
plicable devant ces œufs mauvais, devant ces embryons
maudits que certains voudraient déclarer tabou. Il ne
saurait pourtant y avoir deux morales en l'espèce, l'ennemi est l'ennemi et où qu'il se soit introduit, agrippé,
nous devons le déloger et le tuer, c'est la guerre ! Ces
avortements ne sont que des faits de guerre et supprimer un embryon de quelques semaines ne me semble
pas plus un assassinat, — car on a prononcé ce mot —
que de tuer d'une balle ou d'un coup de baïonnette un
allemand.

Oh ! je sais : cas de légitime défense, me dira-t-on ;
eh bien mais n'est-ce pas justement celui de la mère,
avec cette différence en moins encore qu'il n'y a pas
ici de souffrances si ce n'est pour elle ! Soyons donc
logiques et puisque, aussi bien, nous souhaitons
chaque jour, dans notre sublime *Marseillaise* : « qu'un
sang impur abreuve nos sillons », ne nous mettons pas
l'âme en émoi pour quelques gouttes qui n'existent
et ne circulent qu'à peine ! Pour Dieu, ne retombons
pas, à ce propos, dans ce byzantinisme d'avant la guerre
qui avait fait présumer à nos ennemis de notre défi-
nitive décadence. Finissons-en avec ces scrupules
quelque peu hypocrites. Alors, en effet, qu'en temps de
paix l'avortement hélas ! florissait au su de tous, c'est
au moment où des conditions exceptionnellement douloureuses le justifient que nous irions, pris d'une
pudeur subite, le discuter et le condamner plus sévè-
rement qu'auparavant. Non, pour l'instant, il est le

2

mal nécessaire, résignons-nous et agissons selon notre conscience.

Voyons le cas où pour certaines raisons : crainte, hésitations, cette jeune fille a laissé évoluer sa grossesse.

L'enfant est né mais elle ne veut ni le garder, ni en entendre parler; elle l'abandonne donc. Est-ce là une solution bien humaine et charitable ? Non certes, car c'est faire de cet innocent, à jamais, un paria privé de toute affection de famille, voué à toutes les humiliations. Combien n'est-il pas plus pitoyable au contraire, de supprimer un embryon, que de laisser naître un enfant pour le rejeter ensuite dans la pire des géhennes!

Sans compter que la mère pourra parfois se demander ce qu'il est devenu. Moments, sinon de remords, au moins de malaise moral, souvenirs douloureux, inutiles.

Supposons, enfin, que cette jeune mère veuille se dévouer jusqu'à élever ce rejeton d'ennemi : où en trouvera-t-elle le courage et quelle sera sa récompense? Que lui rappelleront les traits de ce visage, sinon ceux de la brute qui a abusé d'elle et encore à la condition qu'elle fut unique? Quelles promesses de joies pourra-t-elle lire dans ces vagues yeux? De quelle amertume ne serait pas remplie chaque jour de la vie de cette mère qui verrait se développer chez son enfant une mentalité, des sentiments différents, en contradiction avec les siens? Encore une fois rien ne se peut, sans ce magicien « Amour » qui de sa baguette peut seul faire naître l'amour maternel !

A la rigueur, elle pourra rencontrer, quelque jour,

un homme qui, généreusement, lui proposera de s'unir
à elle. Tous deux croiront de bonne foi à l'oubli, au
bonheur possible et il n'en sera rien, car ce père
putatif aura tôt fait de se désaffectionner de cet enfant
surtout s'il vient à lui en naître. Il le rudoira, n'aura
qu'un désir, s'en débarrasser, s'emportera contre la
mère, l'assaillera de reproches injustes et cruels.
Celle-ci, de son côté, ne pourra trouver dans son sentiment maternel le courage pour le défendre et le
sacrifiera pour sauver son bonheur conjugal menacé.
Pourtant, dira-t-on, le cas est simple, se présente souvent : c'est celui d'une fille-mère qu'un homme
épouse. Oui, avec cette différence toutefois, qu'il ne
peut y avoir d'amour maternel, parce qu'il n'y a pas
eu d'amour préalable et puis il faut voir comment
finissent ces ménages par le fait de la jalousie du
mâle qui, à de rares exceptions près, ne pardonne ni
n'oublie ce qu'il estime être une atteinte à son rôle,
à sa fonction sociale : « la Paternité ».

Si la jeune fille outragée est fiancée, son cas se su-
perpose complètement à celui que nous venons de
voir. Les arguments en faveur de l'avortement précoce sont identiques, avec cette majoration que déjà
un amour existait qui allait recevoir sa consécration
légale. Le cœur était pris quand le sein a été violé.
Peut-on dès lors admettre que cette jeune fille garde
cet intrus jusqu'à sa délivrance, pour convoler ensuite.
Ce serait de sa part, à la vérité, beaucoup risquer,
faire trop fond sur la générosité de l'homme. Il y
aurait fort à craindre qu'il ne trouve, un jour, quelque
bonne raison pour reprendre sa parole et disparaître.
On ne peut guère, en conséquence, espérer le voir

adopter l'enfant ennemi et l'élever. Il faut donc, au plus tôt, faire disparaître toute trace de celui-ci, avant si possible le retour de ce fiancé, afin qu'aucun souvenir mauvais ne puisse subsister dans sa mémoire ; car pour le mâle jaloux de ses prérogatives, la femme est la coupe d'amour dont il ne veut qu'aucunes lèvres n'approchent, sans quoi il la délaisse et même la brise. Ce n'est pas tant, certes, le privilège de l'hymen qui lui importe, que celui de la virginité du sein qui l'assure de l'intégrité future de sa race.

Si le cas de la femme récemment mariée est à son tour similaire, avec toutefois l'aggravation de l'état de mariage qui légalise, si on peut dire, la jalousie de l'époux et lui laisse libre cours, celui de la femme mariée restée jusqu'alors stérile est encore plus cruel. Au tragique s'ajoute ici, en effet, quelque chose de cynique. Que peut ressentir ce mari qui voit ainsi son ennemi triompher jusque dans le sein de sa femme ? Honteux et furieux de retrouver ensemencé un champ qu'il n'a pu réussir à féconder, soyez certain que c'est à sa malheureuse épouse qu'il fera supporter tout le poids de son humiliation. Son orgueil blessé de mâle s'emportera en reproches amers, il n'aura nulle pitié des souffrances endurées par elle, c'est lui qu'il plaindra et elle qu'il accusera. La vie conjugale sera irrémédiablement troublée, sinon brisée. En présence de pareils désastres pourrait-on hésiter à sacrifier l'embryon indésiré, avant le retour du mari.

Dans les cas que nous venons de passer en revue, il ne s'est agi jusqu'ici que de primipares. A leur propos, deux questions se posent : la première, celle d'une stérilité postérieure possible, résultant d'un premier avortement, la deuxième, celle de l'imprégnation, de la télégonie. En ce qui concerne la première, qui est une affirmation plus populaire que réellement scientifique, nombreuses étant les femmes dont la vie génitale a débuté par une fausse couche et qui par la suite ont été des multipares, on peut dire que l'avortement, pratiqué avec toutes les précautions requises, par un médecin, diminue au minimum les risques de ce trauma, tant pour la mère que pour ses aptitudes postérieures de fécondité. Ribemont-Dessaigne et Lepage l'affirment du reste, en ces termes, dans leur traité classique d'accouchements : « On peut dire que le danger d'infection est peu sérieux et qu'il est exceptionnel de voir à cette période de la grossesse une hémorragie menacer réellement la vie de la femme. »

Quant à la seconde question, celle de la loi de l'imprégnation qui veut que : le premier mâle imprime à la descendance de toute primipare vierge ses caractères physiques atténués, quels que soient par la suite les générateurs, elle était jusqu'ici tenue pour exacte par les éleveurs mais elle vient d'être contestée par M. Barrier à l'Académie de Médecine. Au point de vue humain elle est également récusée par certains savants comme Yves Delage; par contre il est admis en embryologie, que durant les deux premiers mois l'enfant n'accuse aucune empreinte sinon celle de la mère et que ce n'est que par la suite que celle du mâle se manifeste, ce qui a fait dire que : « L'homme féconde et la femme sexifie ensuite selon ses moyens. A ne nous en tenir qu'à ces données, l'avortement précoce évitera en tout cas toute surprise.

La victime est une veuve ; si elle a déjà des enfants, il est à croire qu'elle hésitera à leur donner pour frère ou sœur l'enfant du barbare. Elle aura donc hâte elle aussi de s'en défaire. A la rigueur, différente pourra être la mentalité de celle que le mariage a laissée stérile, peut-être qu'en face d'une vie destinée à finir dans la solitude, sans affection, ni but, elle voudra essayer d'oublier la triste origine de ce fruit, tenter de s'y attacher et de l'élever. Ce cas, très respectable, nous semble être le seul où l'intrus ait quelque chance de ne pas déchaîner le malheur par sa venue.

Nous voici arrivés, enfin, au cas où la mère a déjà un ou plusieurs enfants. C'est ici surtout que l'intrus ne saurait trouver place. De même que l'oiseau jette hors du nid l'œuf ou l'oisillon étranger, de même la mère le rejettera en hâte, afin qu'il ne souille pas sa famille. Elle s'en débarrassera, au plus vite, car chez elle l'amour maternel a son emploi, sa satisfaction ; et aussi par crainte de la jalousie de l'époux, du mâle. Admettre que celui-ci pourra oublier, à ce point, l'injure qui lui a été faite dans sa femme, de tolérer l'enfant du barbare et de l'élever concurremment avec les siens, est tomber dans l'erreur de croire aux surhommes chers aux Allemands. Un adage de notre bon sens français ne nous dit-il pas que qui veut faire l'ange fait souvent la bête. Que nous prouvent, en effet, ces soi-disant surhommes allemands en brûlant, pillant, assassinant et violant sinon qu'ils ne sont que des *surbarbares*. Non, l'homme est une créature limitée dans ses sentiments.

Nous traversons, certes, des temps héroïques, mais ce n'est pas une raison pour espérer que ces pères oublieraient et verraient grandir, sans révolte, au milieu des leurs, cet enfant d'ennemi portant peut-être en lui les pires instincts de sa race. Ces choses, à la vérité, se sentent plus qu'elles ne se discutent. Cet enfant, indifférent à la mère, détesté du père, comment serait-il traité par ses frères et sœurs utérins sinon en souffre-douleurs. Quelle atmosphère d'inimitié, de mésentente il créerait autour de lui ! Quelle vie serait la sienne et combien préférable pour tous est sa disparition dès l'œuf. Il y a bien la solution de l'abandonnement, sous réserve qu'il soit réalisé dans des conditions spéciales que nous examinerons, qui assurent à ces enfants un avenir différent de la vie de paria qui est fréquemment l'apanage des pupilles de l'Assistance publique. Malgré tout, il nous semble qu'ici encore, mieux vaudra un avortement précoce, qui fera disparaître avant le retour du mari le fruit malencontreux, afin que ses yeux d'époux n'en soient pas affectés, ni son orgueil de mâle blessé. N'y eut-il même nulle grossesse en perspective, que ces malheureuses feront bien de cacher, si c'est possible, à leurs maris, l'outrage subi. Cela est si vrai, et la susceptibilité ombrageuse du mâle est si bien connue de la femme que celle-ci, pour ne pas l'éveiller, lui cache souvent les poursuites dont elle est l'objet dans la vie ordinaire. Elle sait trop, par avance, qui en serait injustement rendue responsable.

Malgré vingt siècles de monogamie, le mâle humain est ainsi fait qu'il suffit d'un rien pour le ramener à la loi animale de la polygamie. Le plus léger soupçon, à ses yeux, justifie son abandon, il ne faut donc à aucun prix lui en fournir la moindre apparence. Il commencera certes par plaindre sa femme, puis bientôt c'est lui qu'il plaindra, et elle qu'il finira par soupçonner et accuser. Cela s'explique, par ce fait : qu'alors que la maternité est un sentiment naturel, profond, généreux, la paternité n'est qu'un sentiment social, superficiel et orgueilleux. Dans tout homme, quel qu'il soit, demeure toujours un peu du coq vaniteux, chantant volontiers ses prouesses et facilement prêt à rudoyer sa femelle. Au reste, rien n'est plus édifiant, à ce sujet, que d'entendre juger dans des milieux masculins ces attentats. Certes on y est unanime à les réprouver mais aussi pour préconiser, non sans un certain rire faunesque, d'égales représailles : un talion intégral, gare à leurs gretchen dit-on et cela à l'encontre de l'avis de notre Montaigne qui veut que : « ces cruautés ne soient pas dignes de la douceur française. » Toute la mentalité du mâle éclate en ceci. Grand prêtre de l'espèce, il impose en toutes circonstances sa tyranie à celle qui pour lui n'est que la servante de la nature.

III

Admettons qu'on laisse naître ces enfants. Que seront-ils ? Quels espoirs ou déceptions pourront-ils donner ? Montaigne nous en avertit : « Quel monstre est-ce que cette goutte de semence, de quoi nous sommes produits, porte en soi les impressions, non de la forme corporelle seulement, mais des pensements et des inclinations de nos pères. » Voyons donc dans quel état physique et moral se trouvaient les procréateurs, préalablement à l'acte.

Du côté de la mère il existait à n'en pas douter : de l'anxiété, de l'inquiétude, de la dépression morale ; du côté du père : un surmenage physique excessif, un état d'alcoolisme suraigu, avec surexcitation de tous les instincts animaux. Durant l'acte, la femme a été brutalisée, terrorisée tant par des menaces de mort, que par la vue même d'assassinats. Le mâle, lui, ne pouvait qu'être ivre d'alcool, de sang et exaspéré de luxure. La violence commise, le ou les mâles s'en sont allés, et la malheureuse victime a porté son fruit dans les larmes, la honte, l'angoisse et peut-être aussi la misère.

Si, en présence de ce trop véridique tableau, nous voulons bien nous rappeler la généreuse campagne menée dans ces dernières années, par une élite de

gens de sciences et de cœur, pour l'amélioration de
la race, la diminution des tares originelles, grâce à
une procréation qui ne serait plus un acte de pur
hasard, un réflexe de lendemain de fêtes et de flam-
bées d'alcool, mais bien un acte réfléchi, préparé par
une sorte de retraite préalable physique et morale,
destinée à permettre aux procréateurs non plus d'in-
fliger la vie, selon le mot de Chateaubriand, mais bien
de la transmettre dans son maximum de plénitude qui
comportera pour la descendance un maximum d'aptitudes vitales. Si nous voulons nous souvenir que
l'année dernière, le premier Congrès d'Eugénique qui
se tint à Londres a non seulement défini les conditions les meilleures requises pour procréer, mais
encore s'est inquiété de l'hérédité des tares affirmées
par la loi de Mendel qui veut que : « l'homme, comme
les animaux, possède certains caractères héréditaires
transmis aux descendants qui conservent le même
plasma germinal que leurs générateurs. » Si nous en
croyons Diderot, qui s'était déjà étonné de la légèreté
inconsciente avec laquelle se reproduit l'être humain,
lorsqu'il écrivait : « Quoi donc, n'y aurait-il pas de
règles à prescrire pour la production d'un homme ?
Celui qui veut que l'arbre de son jardin prospère
choisit la saison, prépare le sol et prend un grand
nombre de précautions, dont la plupart me semblent
applicables à un être de la nature beaucoup plus important que l'arbre. Je veux que le père et la mère
soient sains, qu'ils soient contents, qu'ils aient de la
sérénité et que le moment où ils se disposent à donner
l'existence à un enfant soit celui où ils se sentent
satisfaits de la leur. »

Nous ne pouvons, en face de ces différentes affir-
mations que conclure : que ces enfants seront presque
sûrement des débiles par leur mère, la gestation de
celle-ci s'étant accomplie dans les pires conditions,
au milieu de secousses morales tragiques, capables
de vicier l'évolution de l'embryon, des tarés mentaux
et moraux par leur père, bref seront à tous égards de
parfaits indésirables. Certains, plaidant en leur faveur,
n'ont-ils pas été jusqu'à alléguer : qui sait si parmi
eux ne se manifesteront pas un jour des hommes de
talent, voire de génie. Avec une semblable hérédité,
sans aller jusqu'à la théorie du criminel né de Lom-
broso, cela nous semble bien improbable ; car si le
terrain français fut bon, la graine teutonne étant
mauvaise, le fruit ne saurait être brillant.

Ces enfants, ces tarés en puissance à quel sexe ont-
ils chance d'appartenir ? Eventuellement au sexe féminin. Si, en effet, on s'en rapporte au principe en
général admis en matière de probabilité sexuelle, pour
le premier né au moins, qui affirme que l'enfant ressemble au plus fort, hérite des qualités du plus apte
des procréateurs, et est de sexe contraire à lui, on
doit s'attendre à la venue de nombreuses filles. Au
reste, le Talmud témoigne en cette faveur puisqu'il
enseigne que pour avoir des filles l'homme doit sur-
prendre la femme et l'aimer à l'improviste. Ce qui
fut plus que le cas.

Or ce sont ces produits que nous soupçonnons par
avance devoir être pitoyables, en puissance peut-être
des pires tares, parce que conçus dans les plus anor-
males et tragiques conditions, que nous n'hésitons
pas à vouloir imposer à de malheureuses femmes dont

nous semblons vouloir ignorer, par ce fait, les angoisses morales et la honte. Et c'est encore et comme
toujours, lorsque l'homme veut excuser ses pires in-
conséquences, au nom des plus nobles sentiments :
amour maternel, pitié, que l'on exhorte ces mères à
poursuivre leur calvaire. C'est à la conscience de ces
martyres que l'on ne craint pas de faire appel, alors
qu'en ces heures tragiques tous les sentiments humains
sont reniés et violés. On compte sur leur héroïsme
qui est toujours chez elles comme on l'a dit : obscur,
sans vanité et un sentiment naturel qui n'attend et
n'espère rien.

IV

Maintenant, avant que d'exposer nos idées et la solution que nous croyons la meilleure, nous tenons à rapporter et discuter, rapidement, les principales réponses faites aux questions posées par la *Revue et la Chronique médicale* dans leurs numéros de mars et avril. Nous commencerons par celles des quelques rares femmes qui, sollicitées, ont répondu.

Mme L. Delarue-Mardrus, encore toute endeuillée par la perte cruelle qu'elle vient de faire d'un neveu, nous affirme avoir, par ce fait, pénétré le fond du malheur féminin, de la détresse maternelle. Après avoir envisagé les diverses solutions susceptibles d'être proposées, dont celle de traiter ces enfants comme des éclats d'obus ayant douloureusement labouré les chairs et qu'on extirpe au plus tôt : chirurgie de guerre et d'urgence, elle affirme que « ce sont les femmes elles-mêmes qui, avec leur cœur, doivent trouver la solution. » Poétiquement, elle imagine qu'au premier vagissement du petit intrus la mère s'écriera, en le pressant contre elle : « Mon enfant ! », mot magique, qui doit lui faire tout oublier. La voix du sang ! C'est d'un effet irrésistible, c'est très littéraire mais ce n'est

guère la Vie exacte, dans ce cas. Ce vagissement,
en effet, pourra aussi bien lui rappeler comment
elle est devenue mère, la brute qui l'a violentée, mena-
cée, sa honte, sa défaite, sa grossesse douloureuse,
un avenir angoissant, le retour d'un mari. Cependant
elle ajoute : « il sera bien Français, exclusivement
Français, parce que né d'une Française, nourri de lait
français. » Quand même, cela ne suffit pas, cette
affirmation manque de rigueur scientifique. L'hérédité
ne saurait être seulement unilatérale, le père, l'ense-
menceur y a sa quote part, son influence, qu'il a impri-
mée à son rejeton. Celui-ci sera allemand en partie,
de sang et de mentalité, infimement, nous voulons le
croire et le souhaiter ; mais enfin il le sera, quoiqu'on
dise ou veuille. Ainsi dit-elle : « Il y a des petits qui
naissent avec des taches de vin, avec des monstruo-
sités venues d'une émotion de leur mère... L'enfant
du barbare, engendré dans la terreur, la rage-impuis-
sante, la honte, le désespoir du viol, portera peut-être
dans son âme, comme une marque indélébile, comme
une tache de vin sur la peau, la haine incompréhen-
sible, originelle de l'Allemand. »

Ici, que Mme Delarue-Mardrus qui est, si nous ne
nous trompons, la femme d'un honorable confrère,
nous permette de lui dire qu'il nous semble impos-
sible d'admettre, psychologiquement, que cet enfant
puisse être, dès le sein, un révolté contre son propre
sang, contre l'Allemand qui l'a engendré. Un enfant
ne peut haïr un père qu'il ne connaît pas et auquel
encore une fois il ressemble fatalement, si peu ce
soit-il, de corps et d'esprit. Ce serait cette fois la voix
du sang révolté ! Après tout, dit-elle : « c'est lui, l'en-

fant, la principale victime de l'aventure maudite. » Il y
a bien aussi un peu la pauvre mère, n'est-ce pas ? Le
point capital, pour elle, est qu'il ne connaisse jamais
son origine, que rien à ce sujet ne puisse par la suite
venir troubler la quiétude de sa vie. Quant aux mères :
« pareilles à nos provinces envahies, une fois libérées
du fardeau imposé par l'ennemi à leurs flancs, elles
oublieront comme nos villes prises, puis évacuées,
l'intrusion allemande. » Décidément il ne suffit pas à
Mᵐᵉ Delarue-Mardrus que ces femmes aient été martyres, elle les veut saintes, oubliant tout, pardonnant
tout et souriant au petit barbare serré contre leur
sein. Beau sujet de vitrail pour la cathédrale de Reims
réédifiée ! Mais leur félicité ne saurait être complète,
n'est-il pas vrai, sans un peu de publicité ? Aussi leur
promet-elle : «l'inscription de leur étreinte au tableau
des calamités de guerre. » Cette inscription à ce tableau
de douleur les comblera-t-elle d'aise ? C'est peu pro-
bable. En tout cas, nous ne voyons pas davantage : « ces
sœurs des villes pillées et des cathédrales » se pencher
le cœur gros de leur secret sur ces enfants de barbares, pour leur dire, avec l'orgueil d'avoir tant souffert : Tu es à moi ! Cela sans rancœur et sans appré-
hension pour l'avenir.

Pour conclure, nous croyons que Mᵐᵉ L. Delarue-
Mardrus, au talent de laquelle nous nous empressons
de rendre hommage, s'est laissée emporter par la
grandeur de son sujet : la puissance de l'amour maternel, ce qui fait qu'elle l'a traité plus lyriquement que
psychologiquement, au point qu'elle a oublié complètement le mari, le père français dont l'influence, nous
l'avons dit, mérite d'être retenue.

Mme la Duchesse de Rohan, veut faire sortir, elle, du mal, tout le bien possible : c'est un louable propos. D'abord elle rejette l'avortement en s'appuyant sur ce trépied : la loi, la faculté, la religion. La conception de cet enfant, dans l'ivresse et l'ignominie, ne l'inquiète pas autrement pour l'avenir, car elle estime que très probablement, dans la vie civile ordinaire, le père n'est ni sanguinaire, ni sadique, ni alcoolique, tout cela il l'a été à n'en pas douter par ordre, par obéissance. Il a torturé, pillé, incendié, violé parce que c'était dans le programme : telle cette petite fête néronienne où, après avoir violé une fillette de treize ans, devant ses parents, d'aimables teutons l'embrochèrent ensuite sur leur baïonnette et la firent tournoyer, ainsi que son petit frère de neuf ans : passe-temps innocent de gens placides à l'ordinaire ! Admettons encore, avec Mme de Rohan, qu'en temps de paix ces bons Allemands soient doux comme des moutons et sobres comme des chameaux, n'empêche qu'au moment de la conception ils étaient d'immondes bandits. Or, c'est ce moment qui compte au point de vue de la transmission des tares à la descendance. De l'état d'esprit des mères et surtout des maris et pères français, cette noble dame ne semble pas avoir eu cure ; néanmoins elle espère : « que le flot de larmes versé par les yeux des sœurs violées se mêlera au sang de nos blessés, arrosera le sol de la patrie, la lavera, la purifiera et la régénérera ». Mon Dieu, nous voudrions, nous, moins de douloureux liquide ; le sang c'est déjà beaucoup, c'est déjà trop ; alors pourquoi ne pas éviter les larmes en supprimant leur cause : l'enfant !

*M*ᵐᵉ *Augusta Moll-Weiss*, directrice, fondatrice
de l'École des mères, dont la voix semble devoir
être, entre toutes, autorisée, nous affirme *ex abrupto*:
que la vie étant une chose merveilleuse — est-ce si
sûr que cela? surtout en l'espèce — nous n'avons
aucun droit sur elle et que l'avortement, malgré son
apparence radicale, n'est pas un remède définitif.
Pourtant!... Enfin, arguant du phénomène de l'imprégnation, que nous avons nous-même reconnu être très
contesté, elle arrive à cette conclusion pour le moins
inattendue : « que pour satisfaire ceux qui demandent
des mesures radicales, il n'y aurait qu'un moyen, un
seul : tuer les femmes et les jeunes filles ayant subi les
outrages de la soldatesque allemande ». C'est bien
le cas de dire que qui veut trop prouver, exagère, et
finalement ne prouve rien.

Examinant, comme nous l'avons fait, les différents
cas qui peuvent se présenter, elle pense que pour les
jeunes filles ayant un certain âge et quelque fortune,
cet enfant pourra à la rigueur être un but, un emploi
à leur affection. Cette conclusion est certes défen-
dable, malgré que les joies de ces maternités soient
bien problématiques. Le ménage stérile, sans enfants,
pourrait aussi dit-elle adopter la même solution, mais
ici, ajoute-t-elle sagement : « tout dépend surtout du
mari ». Enfin! la première, Mᵐᵉ Moll-Weiss veut bien
y songer, en tenir compte ! Nous avons vu ce qu'il
faut penser de son rôle prépondérant, de sa jalousie
intransigeante et le peu de cas qu'il faut faire de ses
velléités d'oubli. Quant au ménage ayant déjà des
enfants, elle estime, équitablement, qu'il devra au plus
tôt se débarrasser de l'intrus, afin que la mère ne

souffre pas à cause de lui. En l'espèce, elle a bien
pressenti la sourde rancune du mari qui poindrait sans
cesse la malheureuse. Elle aussi veut que cet enfant,
avec l'aide de l'éducation, tienne surtout de sa mère
française. Nous avons déjà dit que l'hérédité paternelle ne pouvait être récusée et que la meilleure éducation ne réussirait pas à l'étouffer.

Au reste, conclut-elle, ces enfants conçus dans des
conditions tragiques s'appareillent en tous points aux
pupilles habituels de l'Assistance publique, à l'origine
desquels se trouvent aussi des drames et des misères.
Avec cette différence, tout de même, que ceux-ci sont
nés d'amours en général consenties, de femmes s'étant
données ou abandonnées, non violées et terrorisées
par un ennemi.

Mme Colette Yver désire, elle aussi, que l'enfant
naisse et ne soit pas sacrifié, car l'amour maternel peut
s'éveiller. Ne voit-on pas, dit-elle : « des femmes chérir
des enfants nés d'un père indigne et qu'elles ont cessé
d'aimer ». D'accord, mais elles l'ont aimé et l'aiment
sans doute encore à leur insu, tout est là et explique
leur amour maternel. Enfin, fait-elle observer « parmi
les meilleures d'entre nous il en est qui gardent à
quelque degré du sang allemand ». Rien de plus vrai,
c'est le croisement des races, mais un croisement con-
senti, souhaité par la nature et réalisé par l'amour !

Mrs Pankhurst, l'apôtre des suffragettes, en femme
habituée à ne pas reculer devant les décisions éner-
giques, n'hésite pas : « L'appui le plus efficace de la
science médicale, dit-elle, devrait être mis à la dis-

position des femmes victimes de la brutalité allemande. Les enfants issus du crime ne seront probablement que des monstres et des fardeaux pour leur mère et pour l'humanité. »

De ces quelques réponses faites par des femmes, il se dégage ceci que toutes, sauf Mrs Pankhurst, ont envisagé le problème de haut, mais pas de face, pas sous son véritable angle. Elles l'ont traité lyriquement, en femmes de lettres, mais pas en vraies mères, en femmes en puissance de mari qui doivent compter avec son autorité, sa jalousie et régler leurs décisions selon. Ces réponses eussent gagné en valeur et en portée, en véracité, à émaner de femmes du peuple, d'ouvrières, d'employées, soumises à « leur homme », plus près de la vie parce que se colletant chaque jour avec elle. A l'instar de Montaigne, il eut peut-être été bon en l'occurrence d'aller faire un tour aux Halles.

Voyons à présent le côté mâle, le côté de la toute-puissance, selon Rousseau, en commençant par les médecins, par ceux susceptibles d'être à la fois juge et partie opérante. Peu nombreuses sont malheureusement leurs réponses, la plupart étant mobilisés.

Le Dr *Pluyette*, de Marseille, après avoir rappelé que toujours la femme fut la rançon de la victoire, admet la légitimité présente de l'avortement.

Le Dr *Plateau*, tout en reconnaissant la situation épouvantable, confesse : « Fidèle à mes principes et obéissant à la loi, je les condamnerais sans hésiter, mais avec le bénéfice des circonstances atténuantes, la loi Béranger. Je condamnerais aussi mais avec la dernière rigueur et sans pitié, le médecin avorteur. » Et il conclut : « J'estime que c'est un crime d'assassiner un enfant, dans quelque condition qu'il ait été conçu. » Voilà un confrère qui a une conception quasi mystique de la loi et une conscience inflexible de véritable accusateur public. Ce n'est pas lui qui dira : que sais-je ? il dit : j'affirme. A la rigueur, il veut bien encore accorder la loi Béranger à la victime, mais il tient à ajouter à son supplice la parade du tribunal avec sans doute aussi les douceurs de la prévention. Quant au médecin, son confrère, haro ! sur lui. A n'en pas douter, le Dr Plateau doit avoir une conscience d'une belle eau et le doute n'a jamais dû en rayer le cristal. On peut l'admirer mais le craindre. Il est vrai qu'il a un sosie mental dans la personne du confrère qui a écrit dans la *Presse Médicale* : « En dépit des raisonnements les plus spécieux, l'avortement est et sera toujours un assassinat, le plus lâche de tous puisqu'il a chance de rester impuni et qu'il ne demande de la part de celui qui le pratique, d'autre courage que celui de l'immoralité. » Ce réquisitoire a quelque chose du froid de l'acier : ce confrère serait chirurgien que cela ne nous surprendrait pas, il a vite fait de découvrir la lâcheté et de trancher dans l'immoralité ; qui donc disait que les caractères faiblissaient ! Dieu merci, il nous reste des confrères dignes des temps héroïques de Brutus ou on ne connaissait ni les hésitations, ni la loi de pardon.

M. le Professeur Pinard affirme parler, lui, au nom de tout le corps médical. De cela, est-il bien

certain ? En tout cas il estime que le devoir médical ne saurait souffrir la moindre restriction et que
l'abandon est, en l'espèce, la seule solution. Noblesse
a toujours obligé et nous ne nous étonnons pas de
voir un Maître de la Faculté, surtout celui de l'obsté-
trique, ne pas condescendre à discuter la question
de l'avortement, il ne saurait en être autrement.
Comme tous les officiels, comme les magistrats, il ne
peut tout de même, du haut de sa chaire, enseigner
contre la loi. Mais nous sommes convaincus que si
M. le Professeur Pinard était chargé du service d'accouchements de ces odieuses carrières du Soissonnais,
de ces antres de Troglodytes, il agirait selon sa conscience, c'est-à-dire en brave homme de cœur qu'il
est, ce dont il a donné des preuves qui lui ont valu
l'estime et le respect de tous.

M. le Professeur Landouzy, Doyen de la Faculté de
Médecine de Paris, se devait, pour les raisons que
nous venons d'invoquer, de repousser lui aussi l'avortement. Mais comme pour M. le Professeur Pinard,
nous ne doutons pas que cet excellent Français, ce
Rémois affligé et par les angoisses de sa grande Patrie
et par les blessures cruelles de sa petite, saurait trouver avec sa conscience des accommodements. Malgré
tout, nous ne nous expliquons pas en quoi selon lui :
débarrasser ces malheureuses de leur produit, atté-
nuerait le moindrement l'infamie de l'envahisseur. Ici,
en effet, à l'inverse de l'aphorisme médical : l'effet dis-
paru, la cause subsiste, c'est-à-dire que le teuton reste
quand même chargé de son forfait. Quant à croire
que ces enfants élevés chez nous, pourraient un jour

devenir les champions de notre droit combattu par
leurs pères, je crois qu'il faudrait, au préalable, les
purger fortement de toute hérédité paternelle, ce qui
n'est pas chose facile, et nous avouons préférer nous
en remettre à nos enfants français.

M. *le Professeur Debierre*, de Lille, Sénateur du
Nord, était doublement compétent pour donner son
avis, et comme médecin, et comme représentant de
cette région si cruellement éprouvée. Quoique professeur officiel, lui aussi, mais esprit libéral et affran-
chi, il n'a pas craint d'exprimer toute sa pensée.
Cela est d'un beau courage et méritait d'être signalé.
Fort justement, pour commencer, il pose en principe
que l'embryon n'est qu'un être vivant en puissance
qui, dès qu'il est arrivé à terme, devient par ce fait
un individu appartenant dès lors à la société : ceci
lui permet de récuser en toute justice l'infanticide
qui, lui, est un assassinat. Après examen de la douloureuse situation créée par cet enfant au foyer familial, il admet la possibilité de sa suppression avant
sa naissance, par les soins d'un médecin légiste ou
d'un médecin choisi par la famille, ce afin d'éviter les
abus toujours possibles.

Telles sont les trop rares réponses fournies par le
corps médical. Nous voyons qu'à côté de médecins
très rigoristes, de par leurs croyances sans doute, de
maîtres tenus, par leur situation officielle, à demeurer
les défenseurs de la loi, il y a des praticiens qui
n'ayant que leur conscience pour guide, sachant que
s'il est avec le ciel des accommodements il doit en
être aussi avec la loi, résoudront discrètement, au

mieux, l'angoissant problème de l'enfant du barbare. La loi, ils le savent par expérience, est un appareil orthopédique de marche social, souvent dur et douloureux auquel il est fréquemment besoin d'ajouter des coussinets. Ils n'y manqueront pas soyez en sûrs.

Après les médecins les hommes de lettres.

M. Jean Finot, Directeur de la *Revue*, organisateur d'un referendum, jugeant avec raison que la situation de ces enfants dans la société sera des plus délicates et douloureuses, souhaite les voir se consacrer à l'exercice du culte religieux, devenir prêtres, pasteurs ou rabins. Idée belle et généreuse, tant par son but expiatoire que propitiatoire, qui se heurte malheureusement à cette condition *sine qua non* : la Vocation, outre laquelle on ne saurait passer.

M. Jean de Bonnefon, dont le talent s'emploie à nous initier aux arcanes du monde religieux, aussi bien qu'aux subtilités des Écritures, est affirmatif. Pour lui « la Vie de l'embryon est *res sacra* ». Dès lors qu'il en fait un dogme, il supprime toute discussion. Nous passerons donc.

M. M. Barrès, de l'Académie française, nous apprend que dans son pays de Lorraine : « le peuple croit fermement que le gouvernement va faire tuer tous ces intrus. Il y a plus, des femmes ont prévenu le maire de leur village qu'elles se chargeaient de cet acte. Quel jury les condamnerait ? D'autre part qu'elles gardent et élèvent ces enfants imposés, songez-vous à l'existence qu'ils mèneront ? » Voilà, certes, un état d'âme et d'esprit brutal et vengeur qui nous en dit plus

long sur les tortures qu'ont dû endurer ces malheureuses, pour en arriver à réclamer non plus seulement
le droit à l'avortement, mais le droit à l'infanticide,
que toutes les considérations de nos aimables femmes
de lettres. Ce cri sanguinaire, c'est le résultat de qua-
rante années de souffrances. Bien entendu, comme
nous l'avons déjà affirmé, nous n'y pouvons souscrire
dès lors que sont possibles l'avortement et l'abandonnement, auquel se range M. Barrès.

M. Lucien Descaves, très franchement accepte l'avortement, mais à la condition que le viol allemand soit
bien établi.

M. Rémy de Gourmont pense que la solution est
douloureuse et insoluble. « En vérité je ne sais que dire,
avoue-t-il. Je crois qu'il faudrait, peut-être, permettre
tout ; et finalement il incline pour l'abandonnement
mais sans rejeter l'avortement. On sent que cette
question a jeté le trouble dans cette belle âme sereine
qu'est celle de M. Rémy de Gourmont.

MM. *Paul et Victor Margueritte*, les deux romanciers
de talent, fils du glorieux général de 70, immortalisé
par sa charge, ne pouvaient manquer de s'intéresser
à cette question. Pour M. Paul Margueritte, l'enfant
est, bien entendu, à la mère qui a subi l'attentat. Elle
seule a le droit d'en disposer et c'est de toute justice.
Après avoir examiné les différents cas qui peuvent se
présenter, il proclame que : « si l'horreur l'emporte
sur les instincts protecteurs maternels, une loi devrait
autoriser l'avortement ou l'absoudre. » A quoi bon
une loi ? une simple tolérance réduite scrupuleuse-

ment, à ces cas, une suspension tacite passagère de la loi suffit, car, tout rentré dans l'ordre, celle-ci devra reprendre son plein effet. La mère pourra, si elle le préfère, avoir recours à l'abandonnement ou encore élever son enfant, si elle s'en sent le courage, auquel cas il voudrait que l'Etat en assurât les frais. Et généreusement il conclut : « C'est aux victimes de décider. »

Son frère, Victor Margueritte, partage sa largeur de vue : « Si, dit-il, ni la loi humaine ni la loi divine ne peuvent hautement autoriser le meurtre, est-ce que par un accord tacite, le confesseur et le juge ne pourraient, à mi-voix, gravement, pitoyablement, converser avec le médecin? » Mon Dieu, ce conciliabule préalable est bien inutile, le médecin agira selon sa conscience, après quoi le juge fermera les yeux et le confesseur absoudra. Ce rôle réparateur qui incombe au médecin, il en a senti toute la grandeur et toute l'abnégation lorsqu'il écrit : « Est-ce que celui-ci, dont le rôle si beau est de soulager la misère physique et de consoler la douleur morale, serait blâmé par qui que ce soit s'il aidait à supprimer — avant qu'elle vécut vraiment — la cause abominable de cette misère et de cette douleur ? Je ne le crois pas. Et j'espère qu'ainsi plusieurs de ces irréparables crimes pourront être, dans la mesure du possible, réparés. »

Viennent les savants et les scientifiques :

M. le Professeur Yves Delage, de l'Académie des sciences, l'admirable savant, dont les maux cruels et les infirmités n'ont en rien altéré, ni la luminosité des conceptions, ni la générosité des pensées, ni l'équité du jugement, avoue tout d'abord : que la question posée est infiniment complexe et que pour la résoudre il faudrait être à la fois biologiste, médecin, ethnographe, historien et moraliste. Et il ajoute qu'il faudrait être surtout capable de se soustraire aux sentiments de haine et d'indignation ressentis. De cela, qui en est plus susceptible que lui dans sa sérénité de naturaliste.

Tout d'abord, en biologiste documenté, il nous affirme que cette infusion de sang allemand ne constituerait pas un danger, mais un simple croisement comme l'histoire et l'ethnographie en offrent de nombreux exemples. Certes nous n'y contredirions pas, comme nous l'avons dit, s'il avait été voulu et s'était effectué dans d'autres conditions que le meurtre, la terreur et le viol, mais imposé à une femme par les pires violences, rien de tel pour l'empêcher à jamais d'y souscrire.

Dans sa placidité, M. Delage nous assure que les défauts des Allemands tiennent moins à leur hérédité qu'à leur mauvaise éducation et à leur pitoyable psychologie. Pourtant toute leur histoire, chaque jour évoquée, nous montre une suite de générations pillardes, dévastatrices, cruelles, sans foi, ni parole.

Ces considérations générales émises des hauteurs de la biologie, M. Delage descend aux données terre à terre du problème et, s'éclairant de l'esprit critique constate qu'il serait imprudent de ne pas tenir compte que ces viols ont été pour la plupart consommés dans un état d'excitation alcoolique aigu. Or, dit-il : « il est démontré que la crise d'alcoolisme exerce une influence funeste sur les produits de la conception. »

C'est, ajoute-t-il, une condition dont devra tenir grand compte le juge qui aura pour mission d'autoriser la destruction du fruit de la grossesse ». Les droits des parents et des enfants étant, en l'espèce, contradictoires, il faut, estime-t-il, établir une règle et il propose celle-ci : « subordonner les droits de l'enfant à naître à ceux des parents et les droits de ceux-ci à ceux de l'enfant venu au monde ». Autrement dit, dans le premier cas il admet l'avortement, et dans le second l'abandonnement. Ainsi, il reconnaît la légitimité de l'avortement provoqué, à la condition, qu'il soit accompli avec toutes les garanties scientifiques et légales.

Quant à ceux qui seront abandonnés, on pourra en constituer des sortes de colonies qui ressembleront fatalement, dit-il, à des pénitenciers. C'est qu'il voudrait bien, dans la droiture de sa conscience, que ces innocents ne paient pas pour les coupables. Le placement à la campagne, chez des paysans, lui semble encore la solution la moins mauvaise. A notre avis il en est une meilleure que nous développerons plus loin : celle du placement dans nos colonies, qui ferait de ces enfants des colons à l'abri de tous les mauvais souvenirs, de toutes les vexations possibles, qui leur créerait une vie libre et tranquille sous le pavillon français.

M. le Professeur Henneguy, de l'Académie des Sciences, étant un éminent embryologiste, son appréciation était, entre toutes, précieuse à connaître. Il sous la donne, avec cette clarté, cette sûreté, qui nont la caractéristique des esprits scientifiques supé-

rieurs. Pour lui : « l'enfant du crime doit disparaître.
On ne peut laisser vivre, sous le nom de Français,
les rejetons d'une race abhorrée. Certes, dit-il, «l'avortement est un crime, mais tuer un ennemi sur le
champ de bataille est un acte glorieux : empêcher
de naître le produit d'un attentat criminel est non
seulement licite mais encore nécessaire ». Voilà qui
est parler net. Et il conclut, lui qui est aussi médecin : « Le médecin devra donc offrir, sans hésiter, son
concours lorsque les victimes demanderont son intervention, comme il n'hésite pas à avoir recours à l'embryotomie lorsqu'il s'agit de sauver la vie de la mère. »
Quant à ceux pour lesquels l'intervention médicale
n'aura pu s'exercer à temps et que des teutons n'hé-
siteraient pas, eux, affirme-t-il, à mettre à mort, il
suffira de les abandonner à l'Assistance publique.

M. le Professeur Gley, du Collège de France, avoue
que si l'on interroge des femmes sur cette question,
sauf des femmes de lettres, toutefois, nous l'avons vu,
la réponse est unanime : « Les victimes ont le droit,
certaines vont jusqu'à dire le devoir, de se faire avor-
ter ». Mais, dit-il, la femme n'est pas un juge impar-
tial dans la circonstance, elle est en effet partie inté-
ressée. Certes, mais l'homme ne l'est-il pas lui aussi
en tant que mari ? Et M. Gley poursuit : « Sa sensi-
bilité se hérisse, son imagination se révolte. Elle
oublie la question morale et la question sociale. »
Qui ne les oublierait en une telle occurrence. Et puis
est-ce bien à l'homme, si profondément égoïste par
nature, de lui faire de semblables reproches dans
d'aussi cruelles circonstances ?

En admettant même, dit-il, « que l'article du code. qui punit l'avortement soit momentanément, implicitement abrogé, je doute qu'il se trouve des praticiens qui, abandonnant leur rôle, supprimeraient systématiquement des existences au lieu de s'efforcer de les conserver ». Et pourquoi non : le rôle du médecin n'est-il pas de guérir quelquefois et de consoler toujours ? Ne doit-il pas souvent, en tant que chirurgien, causer un certain mal pour triompher d'un plus grand? Or, de quoi s'agit-il ici ; simplement de détruire un vague embryon, pour sauver la vie morale d'une femme, d'une mère, d'une famille. M. Gley semble douter et est bien près de s'indigner qu'il puisse se trouver des médecins pour cela. Nous sommes sûrs qu'il en est qui, d'accord avec leur conscience l'ont déjà fait et que beaucoup accompliront encore ce geste qu'ils estiment être, ne craignons pas les mots : un devoir d'humanité !

M. Gley, tout en reconnaissant que ces enfants auront été le plus souvent conçus dans l'état de fureur alcoolique, se refuse à admettre qu'ils puissent être, par cela même, plus tard, des tarés, des anormaux. Nous ne saurions souscrire à cette négation absolue de l'hérédité, trop d'exemples la démentent. Également, il croit qu'élevés dans un milieu français, ces enfants pourront devenir d'excellents Français et il cite, comme exemple à l'appui, les croisements forcés qui résultèrent en Allemagne des guerres de la Révolution et de l'Empire et fournirent de bons teutons. A ce propos nous répondrons que certes la soldatesque déchaînée, quelle que soit sa nationalité, manque plutôt de galanterie ; mais ici encore se manifeste

l'atavisme, la mentalité. Nos soldats victorieux ne
seront pas de petits saints, mais nous ne leur ferons
jamais l'injure de les croire capables des actes de
folie sadique commis par les teutons : comme de
couper les seins aux femmes, d'embrocher filles et
garçons par leurs parties génitales et de violer après
les avoir tuées des vieilles femmes de quatre-vingts
ans, et autres horreurs. Ils se conduiront en mâles
brutaux peut être, mais pas en monstres : affaire de
mentalité, de cerveau. Voilà ce qui nous fait croire
et affirmer que descendant de pareils Pères, jamais
ces intrus ne pourront, quelle qu'intégrale et française soit l'éducation qu'ils recevront, devenir les
excellents Français que nous promet M. Gley.

En l'espèce, nous croyons que ce maître est enclin
à de trop généreuses illusions qui témoignent sans
doute de la noblesse de ses aspirations et de la can-
deur de ses sentiments, mais sont terriblement dan-
gereuses. C'est ainsi qu'il espère que : « ces malheureuses femmes auront l'âme assez haute et généreuse
pour élever tendrement les enfants engendrés par la
violence... qu'à jamais ceux-ci ne devront connaître
leur origine, et qu'on sera tenu de les élever tout
comme s'ils étaient nés de parents français et de les
traiter non seulement avec humanité mais encore avec
bonté ». Ainsi, conclut-il, « l'Etat et les communes qui
feront les frais de leur éducation, paraîtront acquitter
une dette de pitié et de reconnaissance... vis-à-vis des
malheureuses mères qu'on aura engagées à mener à
bien leur triste grossesse ».

Certes, on étonnerait fort M. Gley si on lui affirmait
que c'est avec une pareille sentimentalité à rebours,

avec ces haïssables utopies que l'on a pendant vingt
ans endormi la vigilance de la France qui a réussi
dans un sursaut d'énergie sublime à se réveiller, à
repousser ses anesthésieurs et à se mettre debout et
en garde. Cela au prix de quels sacrifices ! La guerre
finie, la victoire acquise, il faudra surtout bien nous
défendre, sous peine de succomber définitivement,
de ces dangereux pacifistes que les actes de barbarie
quotidiens des Allemands : mutilations des vieillards,
des femmes, des enfants, viols, actes de sadisme, arro-
sage de nos soldats à la benzine et à l'éther de pétrole,
jet d'acide sulfurique, emploi de gaz asphyxiants,
n'ont pas encore éclairé sur leur mentalité. Au reste,
le manifeste des intellectuels teutons ne laisse pas que
de rappeler le temps où les nôtres s'étaient aussi
coalisés, tant il est si vrai qu'intellectualité et bon
sens n'ont bien souvent rien de commun et sont parfois
même en raison inverse.

Mais poursuivons ; un seul juriste a répondu :

M. Henri Coulon. Pour lui, la loi, doit demeurer
intangible et ne subir aucune abrogation, mais par
contre il reconnaît qu'il ne se trouverait pas de
juges pour condamner des femmes qui n'auraient pu
supporter plus longtemps une pareille souillure. Le
triste sort réservé aux abandonnés l'intéresse, et l'Assistance publique ne lui paraît pas le Paradis ter-
restre. Nous sommes de son avis, aussi estimons-
nous préférable l'avortement.

Enfin, voici les opinions motivées de Prêtres et de
Pasteurs. Avant que de les exposer, nous rappellerons
que certains Pères de l'Église ne taxaient de crime

l'avortement que lorsque l'âme avait pris possession de l'embryon, époque qu'ils fixaient entre le quarantième et le quatre-vingt-dixième jour. Si bien que l'avortement provoqué, avant ce délai, était absous *ipso facto,* puisque c'était une chair sans âme. Alphonse de Liguori, lui, voulait que la solution de l'avortement fut abandonnée à la conscience de chacun, ce qui, à la rigueur, peut être considéré comme une tolérance déguisée. Nous ne ferons pas état du sermon attribué par Jean d'Orsay, dans le journal *Le Matin,* à un vieux prêtre des Flandres, où celui-ci, prenant texte de l'Histoire d'Hérode, absout du haut de la chaire, par avance, ses pénitentes, du crime d'avortement. Nous l'avons dit, aucun de ceux qui défendent la loi humaine et la loi divine, ne peut désavouer publiquement ce qu'il représente. Tout doit se passer tacitement, le prêtre peut absoudre mais non prêcher l'avortement.

M. l'abbé Griselle veut qu'on s'en tienne au « Non homicidium facies » du Décalogue, toutefois, après avoir regretté, comme nous, que seules les femmes de lettres aient donné leur avis, il dit avec une grande sagesse et une noble hauteur de vue : « On consulte l'homme, c'est la « mère » surtout qui a son mot à dire ; c'est elle qui, dans le secret de sa conscience et sans consulter personne, obéissant à son sûr instinct maternel, prendra la décision ; l'enfant est à elle plus qu'à personne, c'est le fruit de ses entrailles, il lui appartient et elle décidera de son sort..... L'enfant est surtout l'enfant de la mère ; il lui coûte assez cher pour qu'elle puisse librement agir à son égard suivant le vœu de sa nature

et les inspirations de son cœur. C'est à sa conscience
individuelle plus qu'aux réponses de l'enquête qu'elle
s'en rapportera et elle aura raison. » Autrement dit, il
ne nous reste à nous médecins qu'à l'aider si elle nous
le demande, à vous prêtres qu'à l'absoudre et aux
juges à tout ignorer. Cette réponse lumineuse de bon
sens et débordante de tolérance fait honneur à M. l'abbé
Griselle; bien entendu, il espère et est même convaincu
que malgré l'horreur de leur cas elles garderont et
aimeront ces enfants; cela en dépit de la haine vouée
à la brute qui les a violées. Bien que nous différions
absolument de lui sur cette toute-puissance de l'amour
maternel, nous estimons exacte sa psychologie de la
mère et libéral son jugement.

M. le pasteur Wilfrid Monod commence par rappeler
la phrase poétique de l'Evangile que nous avons citée
au début, peignant l'extase de la Maternité. Partant
de là, il montre dans combien de cas douloureux la
mère serait fondée à réclamer ce droit à l'avortement
qui nous coûte en France par an 185.000 naissances,
déficit qui, dit-il, nous a mis fatalement en état d'infériorité vis-à-vis des Allemands. Il craint, si on le
tolérait dans ces cas même exceptionnels, d'encourager une tendance qui nous coûte déjà si cher. Tout
cela semble fort juste. En réalité c'est une fatalité
inhérente à notre état de civilisation. C'est une des
rançons du progrès.

Chez les Grecs, pendant toute la florissante période
païenne, l'infanticide était admis, sous prétexte de
sélection et d'eurythmie. Aristote préconisait l'avortement et l'immortel maître de la Médecine, Hippo-

4

crate, le pratiqua. L'explication en est simple : toutes
les fois que l'homme progresse, se civilise, s'éloigne,
de ce fait, de l'état nature, de l'état d'animalité originelle ; en même temps qu'il affine ses goûts et recher-
che les jouissances intellectuelles, il tend à se libérer
de tous les liens qui le relient à l'animalité. La première entrave dont il a hâte de s'affranchir, pour des
causes multiples : plaisir et richesses, est l'automa-
tisme reproducteur. Il entend se multiplier quand
bon lui semble, et lorsque la nature traîtresse a réussi
à le tromper, il n'hésite pas à détruire son œuvre. Cet
état de civilisation extrême que connurent la Grèce et
Rome, nous en jouissons. Conclusion : l'avortement
est une manifestation fatale de l'état des mœurs, contre
lequel, prêches et lois sont condamnés d'avance à
l'impuissance.

Or, c'est tandis qu'il est, par un triste hasard,
socialement et moralement excusable qu'on tendrait à
nous reprocher de vouloir instaurer des mœurs déjà
existantes et des pratiques connues de tous. Pour
Dieu, un peu plus de logique et moins de pharisaïsme !
Il est vrai que si M. Monod repousse toute tolérance d'avortement, il ne veut pas non plus transformer ces mères en « Mater dolorosa » et admet « qu'elles
refusent leur signature et leur cœur » à ces enfants
indésirés et les abandonnent. Sagement, il reconnaît
que s'il peut y avoir des miracles d'amour, les miracles
sont toujours rares et puis, dit-il, il y a un mari, —
enfin il y pense, — qui mérite d'être consulté. Il devra,
en effet, peser d'un certain poids, comme nous l'avons
vu, dans la décision à prendre.

Ayant donné son adhésion à l'abandonnement, il ne

semble pas, lui non plus, redouter l'hérédité et s'en
remet à l'éducation pour y obvier. Nous savons, nous
Médecins, ce qu'il faut penser de ces espérances et
quels résultats peu encourageants ont jusqu'ici donné
les essais de redressements mentaux. Selon nous,
la conscience de ces enfants restera fatalement hypo-
théquée des tares paternelles.

Plus justement, il estime, qu'on ne devra pas les
parquer dans des sortes de ghettos, qu'ils ont droit à
une vie intégrale et, emporté par un lyrisme généreux, M. Monod lui aussi, ne veut rien moins que les
transformer en futurs champions de notre juste cause
et s'exclame : « La France aura trouvé ainsi une ven-
geance digne de son génie! » Hélas! trop beau tout cela
et combien loin de la réalité! Pour pouvoir s'improvi-
ser ainsi le champion d'une race, il faut en être d'abord,
et en être : c'est avoir derrière soi un long atavisme,
c'est avoir souffert et espéré avec elle, c'est penser,
c'est sentir comme elle, ce qui est interdit à jamais à
ce teuton d'hier. Il faudrait pour cela un miracle et vous
l'avez proclamé vous-même, M. Monod, ils sont rares·

M. le pasteur Wagner est catégorique et n'hésite
pas : « Dans tous les cas de viol, en temps de paix
comme en temps de guerre, si la malheureuse femme
dispose de sa liberté, je crois qu'il est de son devoir
strict de prendre immédiatement des mesures pour se
débarrasser des suites de l'odieuse profanation. »
Ces mesures anticonceptionnelles sont, dit-il, cou-
rantes chez les femmes mariées. Par quels scrupules
hypocrites, poursuit-il, pourrait-on contester à ces
malheureuses victimes une liberté dont d'autres

abusent contre toute loi et tout devoir. Mais cet avortement *ab initio* n'aura pu le plus souvent, et pour
cause, être réalisé ; la conception est consommée. Cela
ne modifie pas la courageuse opinion de M. Wagner,
l'intervention devient plus scabreuse dit-il, voilà tout.
« Aussi serais-je d'avis que les médecins légistes
soient consultés. » Par contre il rejette avec horreur
lui aussi l'infanticide.

A parler franc, cette réponse est, de toutes celles
que nous venons de passer en revue, peut-être la plus
sage et la plus pondérée. Sans sentimentalisme exagéré et redondant, elle est profondément humaine,
d'où toute sa justesse et sa valeur.

Ce rapide examen des solutions préconisées par
ceux ayant répondu à ce referendum serait incom-
plet si nous ne mentionnions les décisions prises par
M. Malvy, ministre de l'Intérieur, pour assurer d'une
part le secret absolu de l'abandon de ces enfants, avec
suppression de toute trace d'origine, et de l'autre
l'assistance offerte aux mères. De son côté, M. Louis
Martin, sénateur du Var, a déposé sur la tribune du
Sénat, une proposition de loi tendant à suspendre,
pour les populations des territoires envahis et sous certaines conditions, les pénalités punissant l'avortement.
Enfin, ces jours-ci même, la société de médecine de
Paris, après l'Académie de médecine, s'est occupée
de la solution à trouver et, M. le Dr Depasse, a posé
à ses collègues la question en ces termes : « Devant
la menace et la décision bien arrêtées de nombreuses
femmes, enceintes des œuvres des allemands, qui
menacent de se tuer, si on ne les délivre pas, que
peut et que doit faire le médecin?

V

Récapitulons rapidement les diverses objections faites à l'avortement au cours de ces réponses, avec les arguments que nous leur opposons et sur lesquels se baseront nos conclusions.

1° *Tuer est un crime et l'avortement en est un.*

Oui, sans doute, dans l'état normal de paix. Non, en état de guerre, où le meurtre constitue l'état de légitime défense. Un ennemie été introduit par violence et sous menaces dans le sein de femmes, celles-ci le tuent et le rejettent, c'est la guerre, avec encore une fois sa conscience spéciale. Cela est si vrai, que nous exaltons, qualifions de glorieux, proposons en exemple, des actes qu'en temps normal nous traiterions d'attentats, de crimes et qui tomberaient sous le coup de la loi. La guerre a son optique et ses lois qui sont la négation même de nos lois sociales, civiles et religieuses. Toutes les conventions disparaissent devant l'instinct de conservation. Détruire un embryon n'est pas détruire une vie, mais seulement une probabilité : c'est se refuser à continuer de couver

un œuf mauvais, c'est faire de la prophylaxie repro-
ductrice, c'est médicalement intervenir, pour sauver
des mères de nausées morales incoercibles. Mais, nous
objecteront certains, même à de la vie latente vous
n'avez pas le droit de toucher. Vraiment oui! et de
quoi vivons-nous donc sinon de la mort de tout ce qui
nous entoure : animaux et végétaux ? La vie n'est
qu'une transmutation nul ne l'ignore.

2° C'est affaiblir l'humanité.

Non, en l'espèce, c'est même l'améliorer, puisque
c'est empêcher de naître, d'une part, des enfants tarés
de par leur conception dans la terreur, la haine,
l'alcool et le sang, et de l'autre, de vivre des enfants
qui seraient privés à jamais d'affection et des joies
de la famille. Cette sélection fut pratiquée, à plusieurs
reprises, chez les Hébreux, à l'instigation de Moïse,
pendant leur captivité en Egypte. Les massacres
d'innocents étaient ordonnés, à n'en pas douter, pour
épurer la race des produits de l'ennemi, et lui conserver ses caractères éthnologiques de peuple élu de
Dieu. Seulement, on avait brutalement recours à
l'infanticide, que nous réprouvons.

3° C'est un attentat contre la nature.

Non, c'est simplement une victoire remportée sur
sa tyrannie. L'homme et la nature sont en guerre
depuis toujours. C'est à qui dominera l'autre et l'as-

servira. Presque chaque progrès humain est une con-
quête sur elle et parer à une de ses erreurs, n'est
nullement un crime. A moins de vouloir réduire la
femme au seul rôle de femelle animale, on ne peut
cependant pas lui refuser le droit de choisir son par-
tenaire, et s'il s'est imposé par la violence, la possibilité d'effacer sa mainmise odieuse. Toute vie est une
lutte ; si nous laissions faire la nature, elle aurait vite
fait de nous faire rétrograder vers l'animalité. Enfin,
est-il possible d'admettre que nous puissions avoir
moins souci de la pureté de notre race et du sein de
nos femmes que nous n'en manifestons pour les races
des animaux qui nous entourent.

4° La loi civile et la loi religieuse défendent l'avortement.

Certes, c'est bien ici que la lettre tue et l'esprit
vivifie. En ce qui concerne la loi religieuse, ceux qui
la reconnaissent y obéiront. Avec la loi civile, il en
va différemment : par le fait de la guerre, elle est en
nombre de cas suspendue, impuissante. C'est ainsi,
qu'en l'espèce, la femme violée ne peut obtenir d'elle
justice contre son agresseur, comme elle la lui assure
en temps de paix. En manquant à ses obligations, la
loi laisse en fait le droit à la femme de se faire justice elle-même et de se débarrasser de l'intrus imposé.
La loi étant défaillante, elle manque à la loi, c'est la
guerre !

5° Des abus pourraient se produire et puis ce serait
encourager des habitudes déjà trop répandues.

Aux abus, il sera aisé de fermer la porte par une
rapide et discrète enquête portant sur les dates et le
séjour de l'ennemi, et puis les médecins n'interviendront qu'à bon escient et avec toutes garanties, car,
bien entendu, à eux seuls incombera cette délicate
mission, où la science doit s'allier à la conscience.
Sortes de prêtres laïques, ils libèreront la chair, que
les prêtres absoudront ensuite. Quant au reproche
d'encouragement à l'avortement, une bonne fois parlons net. Avec M. le Pasteur Wagner rappelons que
les manœuvres anticonceptionnelles, sortes d'avortements *ab initio*, condamnés par les théologiens qui
dans la *Mœchialogie* à l'usage des confesseurs s'expriment ainsi : Mortaliter peccatur... Idem est cum
mulier susceptum semen de industriâ ejicit, aut ejicere
conatur ; elles sont pratiquées quotidiennement par
les femmes les plus honnêtes, et que l'avortement
proprement dit est si répandu dans tous les mondes,
que la loi en est réduite à demeurer lettre morte : ils
sont trop ! Cela, nous le déplorons et souhaitons
qu'après la guerre on y obvie en améliorant le sort de
la femme mère et l'aide accordé à l'enfant. En tout
cas, ces avortements exceptionnels, pour faits de
guerre, ne risquent nullement d'être un encouragement : pour cette raison que l'impunité passagère
qui leur sera accordée est depuis longtemps hélas !
acquise implicitement aux autres.

6° *L'amour maternel plus fort que tout, fera que ces mères oublieront le passé et aimeront leurs enfants.*

Que l'amour maternel soit sublime, capable des plus généreuses actions, des plus nobles dévouements ; qu'il donne sans compter, se sacrifie, de cela tout le monde est convaincu. Mais faut-il encore qu'il ait pu naître, qu'il puisse exister. Or, pour naître, il faut que le cœur de la femme ait vibré en même temps que son sein a été ensemencé, faute de quoi l'enfantement sera un simple acte physiologique, imposé. Si, au lieu d'un levain d'amour, l'homme a jeté dans le cœur de la femme un ferment de répulsion, de haine, le fruit sera alors d'autant plus redouté et détesté par cette femme que son cœur appartient à un autre homme qu'elle aime et craint. On a dit : la femme est un être passif. Il est plus juste de proclamer qu'elle est par-dessus tout une dispensatrice de bonheur pour celui qu'elle aime. Elle est heureuse de la joie qu'elle lui voit et lui cause, c'est un être de reflet qui ne garde rien pour elle. L'amour de la femme est un don, un oubli complet d'elle, alors que celui de l'homme n'est qu'une manifestation d'égoïsme. Ce qui fait la grandeur, la sublimité de l'amour maternel, c'est, d'une part, le contentement que ressent la femme de pouvoir donner à celui qu'elle aime cette preuve d'amour : l'enfant, que souhaite son orgueil de père, de continuateur de la race ; et de l'autre, c'est qu'en cet enfant, qui est l'image de celui que son cœur a élu, c'est lui encore, c'est lui toujours qu'elle continue à aimer ! Si bien

que, ceux qui prétendent que l'amour de la femme pour
l'homme change du jour où elle est mère, se trom-
pent, à notre avis ; son amour est seulement refracté
à travers l'enfant, comme le rayon de soleil l'est par le
prisme. Aussi, le rayon n'existe-t-il pas, que le prisme
n'est éclairé par rien ; encore moins voudriez-vous
qu'il refractât cette éclipse que fut le barbare qui a
passé. Encore une fois, la femme ne peut chérir, selon
nous, que l'enfant de l'homme qu'elle a aimé, si brièvement cela fût-il, et celui-ci lui eût-il par la suite
infligé même toutes les tortures. Dès lors qu'elle s'at-
tache à l'enfant, c'est qu'elle n'a pas oublié leurs
heures d'amour et qu'elle lui a tout pardonné par la
grâce de l'enfant. En l'espèce qui nous occupe, rien
de cela ne peut et ne saurait exister !

*7° Cet enfant ressemblera surtout à sa mère, il aura
donc des sentiments français qu'il suffira de développer par l'éducation.*

Il ne faudrait cependant pas prendre nos désirs pour
des réalités, la nature impavide ne saurait se prêter
à nos vœux, même patriotiques. Cet enfant ressemblera à son père conformément à la loi de l'hérédité ;
il en aura en partie la mentalité et chez lui, possibilité de déséquilibre futur, se combattront toute la vie
les deux atavismes ancestraux, opposés à leur maximum au moment de la conception. Quant à espérer
que l'éducation pourra annihiler cette mentalité, il
n'y faut pas compter, l'expérience est là pour en témoi-
gner ; tout au plus pourra-t-elle être un vernis destiné

à craquer au premier conflit. Quoi de plus insaisissable, de plus protéiforme en effet que la mentalité ; cela somnole et éclate quelque jour impérieusement. Né d'un père allemand, cet enfant sera franco-allemand, ni plus ni moins, et la mère en l'élevant risquerait fort d'être à nouveau blessée par cette brutalité agressive qui leur est propre.

8° *Malgré tout rien ne prouve que cet enfant sera taré.*

Il le sera, très probablement, en vertu de cette loi inéluctable de l'hérédité qui pèsera d'autant plus lourd sur lui, qu'il aura été conçu dans les conditions les plus pitoyables. Tous les jours nous déplorons les méfaits de l'hérédité alcoolique, syphilitique et tuberculeuse et nous ne voudrions pas en tenir compte ici : est-ce logique ?

9° *En tout cas, la femme ne devra rien faire, sans consulter son mari qui seul est juge et décidera.*

Vous y tenez vraiment à ce que cette malheureuse se remémore le calvaire qu'elle a gravi et fasse le récit détaillé de ses stations, la rougeur au front, à son mari, à ce père qui, lui, est sur le front ennemi. Est-ce pour exciter son courage ? nous ne le pensons pas ; sa rage alors ? oui ; est-ce bien nécessaire et ne vaut-il pas mieux laisser dormir sa jalousie de mâle, lui laisser même, pour la tranquillité à venir du foyer, ignorer à jamais la souillure ? A moins que vous n'estimiez la femme une simple femelle, dont le sein appartient au mari qui peut en disposer à sa guise, le laisser féconder au besoin et lui en imposer ensuite le fruit. Non, nous l'avons dit, la femme commettrait, à notre avis, la plus douloureuse erreur qui, avec l'assentiment même de son mari, voudrait garder cet enfant et l'élever; la jalousie inconsciente et intransigeante de celui-ci aurait vite fait de l'en faire se repentir. Malgré tout, en effet, ces enfants resteront comme l'estampille de la victoire passagère de ces barbares. On pourra à la rigueur reconstruire les foyers, les cités, les cathédrales, vouloir oublier tout, seuls ils demeureront pour nous rappeler sans cesse ces heures tragiques. Serait-ce un bien et pour eux et pour nous ? Nous ne le pensons pas !

10° *Cet enfant abandonné devra à jamais ignorer son origine, on ne devra pas le faire souffrir, on devra même être bon pour lui.*

Tout cela, on le lui accordera sans peine, parce que enfant de française, mais tout de même, il ne faudrait pas en faire une classe à part, une classe supérieure à nos enfants assistés français aussi intéressants et innocents qu'eux, aussi maltraités du sort, avec quand même en moins cette différence, une paternité moins odieuse. Il ne faudrait pas qu'avec notre sentimentalisme exagéré, dont de tristes exemples ont été cités, nous allions jusqu'à voir en eux, comme cela a été écrit, de futurs champions de notre cause. Et les vrais Français alors ? Il ne faudrait pas enfin qu'ils nous fassent oublier leurs malheureuses mères qui auront

tant souffert par eux et qui pourraient bien, en ayant
hésité à s'en débarrasser dès l'œuf, se créer par la
suite de cruels chagrins.

11° Que vont penser les Allemands de ces avortements?

Il nous faut bien répondre à cette question, car elle
a été sérieusement posée. Il nous suffirait pour cela
n'est-il pas vrai de reproduire la liste des atrocités
commises chaque jour par ces monstres humains.
Mais à quoi bon et qui ne les connaît? Nous nous
contenterons pour bien montrer leur mentalité de citer
le cri de férocité poussé par un de leurs poètes favoris,
Heinrich Vierordt, or nul n'ignore que les poètes sont
gens inoffensifs et les plus doux d'entre les hommes;
on pourra juger d'après cela ce que peuvent être leurs
soldats. Voici le chant de cet aède :

O toi, Allemagne, maintenant haïs !

Avec un cœur de fer, égorge des millions d'hommes
de cette race diabolique. Et que, jusqu'au ciel, plus
haut que les monts, s'entassent sa chair qui fume et
ses os fracassés.

Bardée d'airain, ne fais pas de prisonniers, et pour
chaque ennemi, baïonnette au cœur. Rends-les tous,
l'un après l'autre, muets. Change en déserts tous les
pays qui te servent de ceinture.

O toi, Allemagne, maintenant haïs !

VI

Il ne nous reste plus qu'à exposer nos conclusions, que sans doute déjà on a pressenties en divers points de cette rapide étude. En toute conscience et sincérité nous préconisons, dans ces cas bien déterminés, la tolérance de l'avortement pratiqué le plus tôt possible, exclusivement par des médecins, à la seule requête des intéressées. Nous repoussons complètement l'infanticide, car nous estimons que tout être qui a vu le jour n'appartient plus seulement à la mère mais à la société. Enfin, lorsque la grossesse aura suivi son cours, d'accord avec tous, nous admettons l'abandonnement mais dans des conditions différentes que nous allons indiquer. Auparavant, nous tenons à dire combien cette solution nous semble moins judicieuse que l'avortement. Elle force, en effet, ces malheureuses à porter durant des mois, dans l'angoisse et la crainte, leur douloureux fardeau, elle leur impose la honte d'afficher leur blessure qui, si cruelle soit-elle, ne saurait quand même bénéficier de la glorieuse considération d'une blessure de guerre et pourtant!

Enfin ces vies que vous estimez devoir laisser venir, quelles seront-elles ? N'est-ce pas à elles que convient l'aphorisme : « Il y a quelque chose de mieux que d'être, ne pas être ! » Oui, mieux vaudrait pour tous les supprimer dès l'œuf, mais puisque aussi bien cela répugne à notre sentimentalisme, tâchons au moins qu'elles s'écoulent de façon utile et non misérable comme celles de tant de nos enfants assistés.

Pour ce faire, nous proposons que ces enfants soient élevés en France jusqu'à l'âge de 3 ans, chez des nourriciers, époque où ils pourraient être transportés, transplantés, dans nos colonies où ils finiraient de s'élever chez des colons qu'ils aideraient, après quoi ils le deviendraient à leur tour et fonderaient une famille. Ainsi irait se perdant et s'amendant leur sang teuton. De cette manière ils pourraient se créer une vie tranquille, indépendante, à l'abri de tout mauvais souvenir. Telle est, à notre avis, la seule façon d'en faire de bons et utiles Français : commencer par en faire d'abord des Français d'outre-mer. Cette sorte d'introduction, de stage à une grande naturalisation métropolitaine postérieure ne pourrait que présenter des avantages pour tous. Au reste, c'est un procédé analogue qui fut employé, à la fin du XVIII° siècle, pour peupler le Canada ; on y expédia une quantité de filles-mères avec leur progéniture et ce sont leurs descendants valeureux qui luttent, à l'heure présente à nos côtés, contre les hordes teutonnes.

Quant à ceux qui rejettent l'avortement : effrayés qu'ils sont des vides et de l'hyponatalité qui s'en suivra, rassurons-les en leur rappelant qu'il est de notion courante qu'au lendemain des guerres, surtout heureuses, avec la confiance, renaît la joie de vivre, donc celle de se reproduire ; après les hécatombes la nature a hâte de combler les vides. C'est ce qui faisait dire à Napoléon : « Une nuit de Paris me réparera tout cela »; mettons qu'il faudra plusieurs nuits de France et ayons confiance d'autant, a dit Dumas, que : « La maternité est le patriotisme des femmes ». Et nos chères Françaises sont bonnes patriotes, elles le prouvent et le prouveront l'heure des réparations venue.

MAYENNE, IMPRIMERIE CHARLES COLIN

www.ingramcontent.com/pod-product-compliance
Lightning Source LLC
Chambersburg PA
CBHW070941280326
41934CB00009B/1971